NIVEL
2

Los Delfines

Melissa Stewart

NATIONAL
GEOGRAPHIC

Washington, D.C.

Para Claire
—M.S.

Libro en rústica ISBN: 978-1-4263-2933-3
Encuadernación de biblioteca reforzada ISBN: 978-1-4263-2934-0

Tapa, Photolibrary.com; 1, Stephen Frink/ Digital Vision/ Getty Images ; 2, Mauricio Handler; 4, Konrad Wothe/ Minden Pictures;
6, Carlos Eyles; 7, David B. Fleetham/ SeaPics.com; 8-9, Brandon Cole; 10, Carlos Eyles; 12-13, Doug Perrine/ SeaPics.com;
14, Wolcott Henry/ NationalGeographicStock.com; 15, Miriam Stein; 16-17, Hiroya Minakuchi/ Minden Pictures;
18-19, Doug Perrine/ SeaPics.com; 19 arriba, Ingrid Visser/ SeaPics.com; 20, Florian Graner/ naturepl.com; 20 recuadro, Uko Gorter;
21, Doug Perrine/ SeaPics.com; 21 recuadro, Uko Gorter; 22, Kevin Schafer; 23, Todd Pusser/ naturepl.com; 24, Michael S. Nolan/
SeaPics.com; 25 arriba, Joao Quaresma/ SeaPics.com; 25 abajo, Roland Seitre/ SeaPics.com; 26-27, Brandon Cole; 28, Leandro
Stanzani/ Ardea.com; 29 arriba, Phillip Colla/ SeaPics.com; 29 al medio, Doug Perrine/ SeaPics.com; 29 abajo, Kevin Schafer;
31, Bob Couey/ SeaWorld/ Getty Images; 32 arriba izquierda, Brandon Cole; 32 al medio izquierda, Leandro Stanzani/ Ardea.com;
32 abajo izquierda, Carlos Eyles; 32 al medio derecha, Leandro Stanzani/ Ardea.com; 32 abajo derecha, Doug Perrine/ Seapics.com.

**National Geographic apoya a los educadores K-12 con Recursos del ELA CommonCore.
Visita natgeoed.org/commoncore para más información.**

Impreso en los Estados Unidos de América
17/WOR/1

Tabla de contenidos

¡Es un delfín!

¿Qué cosa
nada pero
no es pez?

¿Qué cosa
silba y pía pero
no es pájaro?

¿Qué cosa
ama saltar
pero no es rana?

¡Es un **DELFÍN!**

¿Pez o mamífero?

El delfín es un mamífero—
igual que tú.

Los delfines tienen pulmones y respiran aire. Reciben oxígeno a través de un espiráculo que tienen en la cabeza.

Mueven la aleta de la cola para arriba y para abajo.

Tienen la piel suave y lisa.

Su temperatura corporal está siempre cerca de los 97 grados Fahrenheit.

OXÍGENO:
Un gas invisible en el aire y el agua que los animales respiran

MAMÍFERO:
Un animal de sangre caliente que toma leche de la madre y tiene una columna vertebral y pelo

Los delfines se parecen a los peces pero tienen importantes diferencias.

Los peces tienen escamas.

Los peces tienen branquias. Las branquias les ayudan a respirar el oxígeno del agua.

Sus aletas de la cola se mueven de un lado a otro.

La temperatura corporal de un pez es igual a la temperatura del agua en la que se encuentra.

La vida del delfín

Un delfín bebé
se llama cría.

El delfín bebé tiene una boca pequeña.
La cría golpea su comida contra el agua
para romperla en pequeños pedacitos.

P ¿Qué tienen los delfines que ningún otro animal acuático tiene?

R Delfines bebés.

La cría puede nadar apenas nace. Toma leche de la madre. Cuando el pequeño delfín tiene seis meses de edad, empieza a comer peces.

Palabras aguadas

CRÍA:
Un delfín joven

Un grupo
de delfines

Los delfines viven en grupos pequeños. Algunos grupos se unen para formar manadas. Una manada de delfines podría tener más de 1.000 miembros.

Los delfines utilizan chillidos y silbidos para "hablar" entre ellos. Algunos delfines son los responsables de proteger a todo el grupo de los tiburones y otros depredadores.

Cada delfín tiene su propio nombre. El nombre es una serie de silbidos.

Palabras aguadas

DEPREDADOR: Un animal que come a otros animales

11

Los delfines trabajan en equipo para atrapar a sus presas. Un grupo de delfines nada en círculo alrededor de un banco de peces hasta que los peces estén apretados.

Palabras aguadas

PRESA:
Animales que son comidos por otros animales

Este gran grupo de peces se llama "pelota anzuelo". Cuando los peces no tienen donde escaparse, los delfines se turnan para disfrutar de una rica merienda.

Bajo el mar

El cuerpo de un delfín es perfecto para la vida bajo el mar.

Sus aletas le ayudan a nadar para adelante, pararse y dar vueltas.

La aleta de la espalda le ayuda a mantener el equilibrio.

La cola lo empuja por el agua.

Cuando un delfín nada despacio, sube a la superficie y respira una o dos veces por minuto. Cuando nada rápidamente, salta del agua para respirar.

Espiráculo

Cuando un delfín exhala, el aire sale del espiráculo a una velocidad de 100 millas por hora.

Los delfines tienen muy
buena vista, pero el océano
puede ser muy oscuro.
Para ellos, es difícil ver a los
pececitos que les gusta
comer en aguas profundas.

Si un delfín está cazando solo, inclina la cabeza hacia el suelo y hace chasquidos.

Este sonido hace contacto con cualquier cosa en el camino del delfín y luego rebota. ¡El delfín puede encontrar al pez usando sonidos!

Este delfín está usando la técnica de ecolocación. Los delfines usan ecos para encontrar a los peces que no pueden ver.

Donde viven los delfines

Existen más de 30 diferentes tipos de delfines en la Tierra.

La mayoría nada en aguas calientes cerca del ecuador. Pero algunos viven en mares más fríos al norte y al sur del ecuador, y ¡algunos hasta viven en ríos!

El delfín cruzado vive en el medio del océano.

El delfín de Héctor normalmente permanece cerca de la costa.

¿Cuál es la diferencia?

MARSOPA

La aleta de la espalda es un triángulo

Hocico redondo

Dientes redondos

¿Alguna vez has visto una marsopa?
Se parece al delfín pero es diferente.

DELFÍN

Hocico puntiagudo

La aleta de la espalda usualmente es curvada

Dientes puntiagudos

El cuerpo del delfín es más largo y más delgado que el cuerpo de la marsopa. Los delfines son más curiosos y juegan más también.

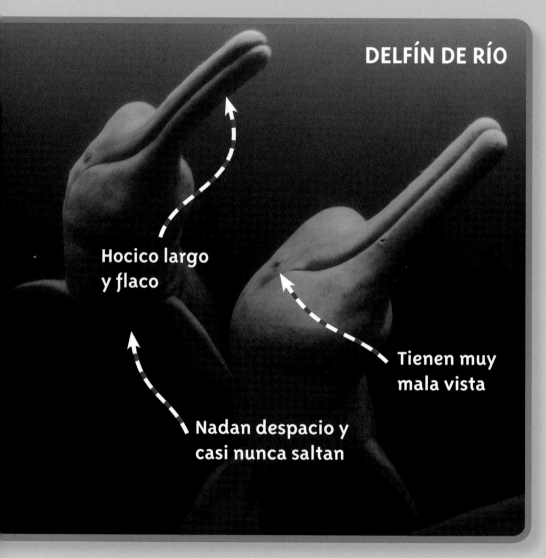

DELFÍN DE RÍO

Hocico largo y flaco

Nadan despacio y casi nunca saltan

Tienen muy mala vista

¿Alguna vez has visto un delfín con un hocico largo y puntiagudo? Este mamífero extraño es el delfín de río.

DELFÍN OCEÁNICO

Hocico corto

Tienen muy buena vista

Nadan rápido y saltan frecuentemente

Los delfines de río son más pequeños que sus primos oceánicos. También son menos activos y menos juguetones.

Super delfines

DELFÍN GIRADOR

El delfín girador da vueltas en el aire como un fútbol americano. Puede saltar hasta diez pies de alto y dar hasta siete vueltas.

P ¿Cuál es el juego favorito del delfín girador en un parque de diversiones?

R El carrusel.

EL QUE RESPIRA MÁS FÁCIL

El delfín pasa la mayoría de su vida conteniendo la respiración. El delfín gris puede estar 30 minutos bajo el agua sin subir a la superficie para respirar.

EL QUE NADA MÁS PROFUNDO

Las ballenas y los delfines están estrechamente emparentados. De hecho, algunos animales que nosotros conocemos como ballenas en realidad son delfines. ¡La ballena piloto de aleta larga es un delfín que puede llegar a los 2.000 pies de profundidad!

El delfín más asombroso de todos es la **ORCA**, también conocida como la ballena asesina. La orca gana casi todos los premios en la categoría de delfines.

EL MÁS RÁPIDO

¡La orca nada siete veces más rápido que un nadador olímpico!

EL MÁS HAMBRIENTO
La orca come de todo, desde las tortugas marinas y los pingüinos hasta las focas y los tiburones.

EL MÁS LONGEVO
La orca puede vivir hasta 90 años.

EL MÁS GRANDE
Los machos pueden llegar a ser tan grandes como un autobús.

Jugar a lo tonto

Los delfines pasan mucho tiempo cazando. Y siempre están alertos, buscando peligro. Pero a veces sólo quieren divertirse. Los delfines inventan todo tipo de juegos.

JUGANDO CON ALGAS: Tira las algas al aire e intenta atraparlas.

HACIENDO SURF: Anda por las olas de las tormentas o se mete en las olas cerca de la costa.

TÚ LA TRAES: Corre atrás de los otros por el agua.

Delfines y humanos

Los delfines son mansos y juguetones. También son muy inteligentes y por eso los humanos y los delfines se llevan muy bien.

Si los humanos aprendemos sobre estos amigables mamíferos acuáticos, podemos ayudar a protegerlos a ellos y a los lugares donde viven.